AF723707

Benjamin Pluppins
Theres Pluppins

Unsere besten Waffeln

Süß & herzhaft

Bassermann

Inhalt

Gut zu wissen

Die Rezepte

Zum Nachschlagen

Vorwort

Hallo liebe Waffelnarren,

[illegible] in die Hände geführt wurde.

Wir, das sind Theres & Benni, sind nicht nur schon seit fünf Jahren ein Ehepaar. Seit 2014 betreiben wir gemeinsam unseren Foodblog www.gernekochen.de und veröffentlichen regelmäßig unsere Einfälle vom Herd, Ofen oder auch Grill.

Hier bei Bassermann ist bereits unser erstes Kochbuch mit Rezepten für den Thermomix erschienen. Für viele vielleicht nur Papier mit vielen tollen Rezepten, aber für uns ist es mehr. So ziemlich jeder Foodblogger träumt davon, einmal ein Buch mit den eigenen Rezepten und dem eigenen Namen in den Händen halten zu dürfen. Diesen Traum haben wir uns dank des Bassermann Verlags erfüllen dürfen.

Danach stand die Arbeit aber nicht still, wir haben weiter ausgiebig an unserem Blog gearbeitet und irgendwann dann auch unser neues Buch gestartet, welches du nun in den Händen hältst.

Wir wollten zeigen, dass Waffeln viel mehr sein können als Omis Waffel zum Kaffee … Auch wenn diese eigentlich immer der Grund für den Beginn der Waffelliebe sind. Waffeln sind wunderbar wandelbar: von herzhaft bis süß, von Torte bis Sandwich.

Deshalb hoffen wir, dass dir unsere Waffelkreationen, egal ob süße Waffeln mit Tonkabohne, eine Waffeltorte, herzhafte Pizzawaffeln oder die süchtig machenden Churrowaffeln, gefallen und dich zum Nachbacken anregen.

Liebe Grüße,

Theres + Benni

Was schief gehen kann ...

Manchmal sind Waffeln gar nicht so einfach, wie man denkt. Gerade wenn man etwas Neues probieren möchte oder eine erste Idee umsetzt, kommt es vor, dass die Waffel zu fest ist oder zu weich oder sie zerfällt zu Staub, wenn man sie anschaut.

So erging es uns mit den glutenfreien Süßkartoffelwaffeln in diesem Buch. Wir sind keine Profis auf diesem Gebiet, also glutenfrei ... Unser Motto ist eher Mehl forever. Wir lieben einfach Pasta, Brot und sämtliches Gebäck. Trotzdem wollten wir in dieses kleine und feine Büchlein ein paar glutenfreie Waffeln bringen.

Theres ist dabei fast verzweifelt. Es gab Momente, da hätte ein falsches Wort für mich einen Schlafplatz im Keller bedeutet. Geschickt wie ich bin, wusste ich dies elegant zu umschiffen, aber einfach war es nicht.

Meine These war zeitweise, dass es Vampirwaffeln sind und wir es vielleicht bei Vollmond versuchen sollten ... ohne Sonne und so. Ja, ich durfte trotzdem im Bett schlafen ;-). Es war aber wirklich nicht einfach und sämtliche Tipps und Tricks, die man so lesen konnte, haben die Waffel nicht sonderlich interessiert. Aber irgendwann hat es dann doch geklappt, und letztlich lag es am Schluss einfach an der Zeit. Wir hätten dem Teig ein bisschen mehr Ruhe gönnen sollen ... Haben wir dann getan und es hat funktioniert.

Ansonsten lief die Produktion des Buches wirklich wunderbar. Natürlich hat nicht jede Idee auf Anhieb so geschmeckt, wie sie sollte, oder hatte nicht die gewünschte Konsistenz, aber das ließ sich alles lösen, oder das Rezept hat es halt nicht ins Buch geschafft und wir haben uns was Neues einfallen lassen. So sind es letztlich diese Rezepte geworden und ich kann euch verraten, lecker war es! Auch wenn wir beide wahrscheinlich die nächsten Wochen und Monate keine Waffel mehr sehen, geschweige denn essen wollen, können wir jedes Rezept aus diesem Buch empfehlen.

Ein paar Tipps wollen wir euch aber auch noch mit auf den Weg geben, egal ob für Waffeln aus diesem Buch oder für Waffeln im Allgemeinen:

1. **Waffeleisen einschalten und ordentlich vorheizen**
   Ja, man glaubt es kaum, im eingeschalteten Zustand backen sich die Waffeln deutlich schneller. Ich spreche aus Erfahrung! Aber auch das ordentliche Vorheizen auf die gewünschte Temperatur ist wichtig.

und wie man es verhindert!

2 Waffeleisen gut einfetten
Nichts ist ärgerlicher als eine schön duftende Waffel, die am Eisen kleben bleibt. Wir haben zum Einfetten immer eines der Ölsprays (Non-Sticking-Cooking-Spray) aus dem Supermarkt verwendet. Unheimlich praktisch, gerade wenn es ein paar mehr Waffeln werden.

3 Butter schaumig aufschlagen
Bei praktisch all unseren Rezepten, in denen Butter enthalten ist, empfehlen wir, diese vorher zusammen mit Zucker schaumig aufzuschlagen. In Sachen Konsistenz und auch der späteren Verarbeitung haben wir damit die besten Erfahrungen gemacht.

4 Kauft ein vernünftiges Waffeleisen
Ein gutes Waffeleisen muss nicht teuer sein. Wir haben in den letzten Monaten einige Geräte getestet und können sagen, dass der Preis nicht alleine entscheidend ist. Schaut euch die Bewertungen dazu im Internet an. Da gibt es einige Eisen für 'ne schmale Mark, bei denen sich die Anschaffung lohnt. Ärgerlich ist es aber, wenn man irgendein scheinbar günstiges Schnäppchen kauft und die Waffel stellenweise roh und verbrannt ist. Interessante Optik, die sich sicherlich auf Fotos teilweise gut macht, für den Geschmack ist es aber nicht förderlich.

5 Die heilige Dreifaltigkeit der Waffel: Mehl-Eier-Milch
Habt ihr diese drei Zutaten im Haus, habt ihr eigentlich alles, was ihr braucht. Experimentiert, was das Zeug hält, süßt einfach mal mit Honig und nicht mit Zucker oder macht eine herzhafte Waffel. Seid experimentierfreudig!

6 Süße Waffeln mit Salz und herzhafte Waffeln mit Zucker
Dieser Tipp gilt für die meisten Speisen … Alles, was herzhaft ist, verträgt auch eine Spur Süße und alles, was süß ist, wird besser mit einer kleinen Prise Salz. In beiden Fällen hebt es den Geschmack an und ist manchmal das gewisse Etwas.

7 Am nächsten Tag noch immer lecker
Je nach Form, kann man Waffeln am nächsten Tag auch einfach auftoasten, packt sie in einen Airfryer oder in den Backofen. So schmecken sie wieder fast so frisch wie am Vortag.

So, jetzt habt Ihr im Grunde all das Wissen, welches man als Waffelmeister braucht und könnt euch an die Rezepte machen!

Wir wünschen euch viel Spaß beim Nachbacken.

Loss et üch schmecke!

Grundrezept Waffeln

1 Mit einem Handrührgerät oder der Küchenmaschine Butter und Zucker schaumig schlagen.

2 Jedes Ei für ca. eine halbe Minute unter die Butter-Zucker-Mischung schlagen.

3 Alle anderen Zutaten nach und nach dazugeben.

4 Das Waffeleisen aufheizen, einfetten und mithilfe einer Suppenkelle den Teig ins Waffeleisen geben. Die Waffeln goldgelb ausbacken.

Dieses Rezept lässt sich beliebig ändern. Man kann noch Schokostreusel hinzugeben oder einen Teil des Teigs mit Kakao einfärben.

FÜR DEN TEIG

250 g weiche Butter
100 g Zucker
5 Eier, Größe M
1 Packung Vanillezucker
375 ml Milch
500 g Mehl
2 TL Backpulver
125 g Sahne
1 Prise Salz

Ergibt ca. 6 Stück

Apfel-Zimt-Waffeln

1 Den Backofen auf 200 °C (Ober- und Unterhitze) vorheizen. Für das Apfelmus die Äpfel klein schneiden und mit Mandeln, Zucker, Butter und Zimt verrühren. In eine Auflaufform geben und für 20 Minuten backen. Anschließend mit einer Gabel gut vermengen.

2 Butter und Zucker für den Teig schaumig schlagen, die Eier nach und nach dazugeben, dann die restlichen Zutaten hinzufügen.

3 Das Apfelmus in den Waffelteig geben und gut verrühren.

4 Das Waffeleisen vorheizen, einfetten und mithilfe einer Suppenkelle den Teig ins Waffeleisen geben. Die Waffeln goldgelb ausbacken.

Wer mag, kann auch einen Apfel in kleine Stücke schneiden und mit in den Teig geben.

FÜR DAS APFELMUS

5 Äpfel, geschält
2 EL Mandelblättchen
2 EL Zucker
1 EL Butter
1 TL Zimt

FÜR DEN TEIG

100 g Butter
100 g Zucker
2 Eier, Größe L
250 g Mehl
2 TL Backpulver
1 TL Natron
300 ml Milch
½ TL Vanilleextrakt

Ergibt ca. 5 Stück

Belgische Waffeln

1 Die Milch auf dem Herd oder in der Mikrowelle lauwarm erwärmen und Zucker und Hefe hineinrühren. 5 Minuten warten.

2 In der Zwischenzeit die Butter schmelzen und abkühlen lassen.

3 Die Vanilleschote der Länge nach aufschneiden, das Mark mit der Messerrückseite herauskratzen und in die Hefe-Milch geben.

4 Alle anderen Zutaten, bis auf den Hagelzucker, miteinander vermengen. Vanille-Hefe-Milch und geschmolzene Butter hinzufügen, verrühren und den Teig 30 Minuten gehen lassen.

5 Den Hagelzucker unterrühren.

6 Ein belgisches Waffeleisen erhitzen, einfetten und die Waffeln darin backen.

Die belgische Waffel mit dem Hefeteig braucht das belgische Waffeleisen, das dem Teig den Platz bietet, aufzugehen. Dieser Teig im Waffeleisen für die Herzform gebacken, bekommt eine festere Struktur.

FÜR DEN TEIG

150 ml Milch
100 g Zucker
1 Päckchen Trockenhefe
250 g Butter
1 Vanilleschote, alternativ Vanillezucker oder -aroma
500 g Mehl
1 Prise Salz
4 Eier, Größe L
200 g Hagelzucker

Ergibt ca. 6 Waffeln

Bienenstichwaffeln

Foto siehe Seite 4

1 Für die Creme 100 ml Milch mit Zucker und Puddingpulver so glatt rühren, dass keine Klümpchen entstehen.

2 800 ml Milch aufkochen und die vorbereitete Milch-Puddingpulver-Mischung vorsichtig hinzugeben und ca. 1 Minute leise köcheln lassen.

3 Alles in eine Schüssel füllen, mit Frischhaltefolie abdecken und abkühlen lassen.

4 In der Zwischenzeit die Mandeln zubereiten. Dafür den Backofen auf 180 °C Umluft vorheizen (oder 200 °C Ober-/Unterhitze).

5 Butter, Zucker und Honig leicht köchelnd aufkochen und ca. 1 Minute köcheln lassen.

6 Den Topf vom Herd nehmen und zuerst die Sahne einrühren, dann vorsichtig die Mandelblättchen unterheben. Die Masse auf ein mit Backpapier ausgelegtes Backblech verteilen und 10 Minuten im Ofen backen. Abkühlen lassen.

FÜR DIE BUTTERCREME

100 ml + 800 ml Milch
100 g Zucker
2 Päckchen Vanillepuddingpulver
400 g Butter

FÜR DAS MANDELKROKANT

150 g Butter
150 g Zucker
2 EL Honig
50 g Sahne
150 g Mandelblättchen

7 Für den Waffelteig mit einem Handrührgerät oder der Küchenmaschine Butter und Zucker schaumig schlagen.

8 Jedes Ei für ca. eine halbe Minute unter die Butter-Zucker-Mischung schlagen.

9 Alle anderen Zutaten nach und nach dazugeben.

10 Das Waffeleisen aufheizen, einfetten und die Waffeln backen. Abkühlen lassen.

11 Jetzt sollte der Pudding ausreichend abgekühlt sein (sonst eventuell in den Kühlschrank stellen). Die 400 g Butter schaumig weiß aufschlagen, dabei beachten, dass Butter und Pudding in etwa die gleiche Temperatur haben sollten. Den Pudding einmal kräftig umrühren und dann nach und nach unter die Butter heben.

12 Für eine kleine Bienenstichtorte eine Waffel großzügig mit Buttercreme bestreichen, eine zweite Waffel darauf setzen, diese ebenfalls mit Buttercreme bestreichen. Die Mandelmasse in Stücke brechen und auf der Creme verteilen.

FÜR DEN TEIG

250 g weiche Butter
100 g Zucker
5 Eier, Größe M
1 Packung Vanillezucker
375 ml Milch
500 g Mehl
2 TL Backpulver
125 g Sahne
1 Prise Salz

Ergibt ca. 8 Waffeln bzw. 4 kleine Bienenstichtorten

Browniewaffeln

1 Die Butter in einen kleinen Topf geben und schmelzen. Anschließend abkühlen lassen.

2 Eier, Vanilleextrakt und Milch miteinander verrühren, dann die trockenen Zutaten – bis auf die Schokostückchen – hinzugeben und mithilfe der Küchenmaschine oder einem Handrührgerät zu einem glatten Teig verarbeiten.

3 Die geschmolzene Butter unterrühren und zum Schluss die Schokostückchen vorsichtig unterheben.

4 Das Waffeleisen aufheizen, einfetten und die Waffeln backen.

FÜR DEN TEIG

100 g Butter
2 Eier, Größe M
2 TL Vanilleextrakt
220 ml Milch
190 g Mehl
50 g Backkakao
190 g Zucker
1 TL Backpulver
1 Prise Salz
100 g Schokostückchen

Ergibt ca. 4 Stück

Churrowaffeln

1 Die Butter schmelzen und mit Wasser, Zucker, Mehl und Salz verrühren. Einen Topf auf mittlerer Stufe erhitzen. Den Teig hineingeben, dabei immer rühren, bis sich am Boden etwas Teig hell absetzt und der Teig speckig glänzend wird.

2 Aus dem Teig Kugeln formen und die ins vorgeheizte und gefettete Waffeleisen geben, pro Waffel eine Kugel. Die Waffeln backen.

3 Zimt und Zucker in einem tiefen Teller vermengen und die heißen Waffeln direkt hineingeben und rundherum darin wälzen.

Diese Waffeln gehören zu unseren Favoriten! Sie kommen weich aus dem Waffeleisen heraus, werden aber beim Auskühlen knuspriger. Besonders lecker schmecken sie mit einen Schokoladen-Dip. Dafür Zartbitterkuvertüre langsam in der Mikrowelle oder auf dem Herd schmelzen.

FÜR DEN TEIG

150 g Butter
260 ml Wasser
40 g Zucker
220 g Mehl
½ TL Salz

FÜR DEN ZIMTZUCKER

1 TL Zimt
50 g Zucker

Ergibt ca. 8 Stück

Bunte Waffeln

1 Mit einem Handrührgerät oder der Küchenmaschine Butter und Zucker schaumig schlagen.

2 Jedes Ei einzeln für ca. eine halbe Minute unter die Butter-Zucker-Mischung schlagen.

3 Alle anderen Zutaten – bis auf die Lebensmittelfarbe – nach und nach dazugeben.

4 Den Teig in fünf kleine Schüsseln aufteilen. In jede Schüssel ein paar Tropfen Lebensmittelfarbe nach Wunsch geben.

5 Das Waffeleisen vorheizen und einfetten. Mit einem Esslöffel (oder den Teig in Spritzbeutel füllen) den Teig in Streifen auf das Waffeleisen geben, sodass sich ein Regenbogenmuster ergibt. Die Waffeln backen und vorsichtig entnehmen.

FÜR DEN TEIG

250 g weiche Butter
100 g Zucker
5 Eier, Größe M
1 Packung Vanillezucker
375 ml Milch
500 g Mehl
2 TL Backpulver
125 g Sahne
1 Prise Salz
Lebensmittelfarbe

Ergibt ca. 6 Stück

Kokoseis-Sandwich

1 Für das Karamell Zucker mit Zitronensaft und etwas Wasser verrühren. In einem mittelgroßen Topf bei mittlerer Hitze unter ständigem Rühren zum Schmelzen bringen.

2 Sobald der Zucker geschmolzen ist für ca. 10 Minuten weiter köcheln lassen, bis ein goldgelber Karamell entsteht. Dabei nicht mehr rühren, sondern schwenken und aufpassen, es ist SEHR heiß.

3 Den Topf vom Herd nehmen und die Sahne eingießen.

4 Den Topf bei schwacher Hitze wieder auf den Herd stellen. Der Zucker wird wieder fest sein, also einfach rühren und warten, bis er sich wieder auflöst und eine glatte Sauce entsteht, dabei Vanilleextrakt und Salz dazugeben.

5 Sobald die Sauce glatt ist, vom Herd nehmen, abkühlen lassen und umfüllen.

6 Für den Waffelteig mit einem Handrührgerät oder der Küchenmaschine Butter und Zucker schaumig schlagen.

7 Alle anderen Zutaten nach und nach dazugeben und einrühren.

8 Das Waffeleisen aufheizen, einfetten und die Waffeln darin backen.

FÜR DIE KARAMELL-SAUCE

220 g Zucker
1 TL Zitronensaft
Wasser
240 g Sahne
1 TL Vanilleextrakt
1 Prise Salz

FÜR DEN TEIG

75 g weiche Butter
40 g Zucker
2 Eier, Größe M
1 Packung Vanillezucker
350 ml Milch
250 g Mehl
3 TL Backpulver
1 Prise Salz

9 Die Waffeln gut auskühlen lassen. Eine Waffel mit Eis bestreichen, eine zweite Waffel darauf setzen, zusammendrücken und in handliche Sandwiches schneiden.

10 Mit Kokosflocken bestreuen und mit der Karamellsauce servieren.

Wer mag, kann das Ganze auch mit Schoko- oder Zuckerstreuseln statt der Kokosspäne machen. Dann passt statt der Karamellsauce auch Schokoladensauce sehr gut. Wer das Eis selber machen möchte, findet dazu tolle Rezepte auf www.gernekochen.de

ZUM SERVIEREN

Kokoseis
Kokosspäne oder -flocken, geröstet

Ergibt ca. 12 Sandwiches

Waffeln mit Nuss-Nugat-Füllung

1 Butter und Zucker mit der Küchenmaschine oder dem Handrührgerät schaumig schlagen.

2 Die Eier nach und nach unterrühren.

3 Vanillezucker und -extrakt dazugeben, dann Mehl, Backpulver und Salz hineingeben.

4 Nach und nach die Milch unterrühren.

5 Die Nuss-Nugat-Creme in warmes Wasser stellen, damit sie weicher wird.

6 Ein Waffeleisen erhitzen und einfetten. Etwas Teig ins Waffeleisen geben, in die Mitte 1 EL Nuss-Nugat-Creme setzen und mit einer zweiten Teigschicht bedecken. Das Waffeleisen schließen und die gefüllte Doppelwaffel backen.

FÜR DEN TEIG

250 g Butter
250 g Zucker
5 Eier, Größe L
1 Packung Vanillezucker
Vanilleextrakt (oder -aroma)
500 g Mehl
½ Packung Backpulver
1 Prise Salz
500 ml Milch
1 Glas Nuss-Nugat-Creme

Ergibt ca. 6 Stück

Lebkuchenwaffeln

1 Die Butter schmelzen und zum Abkühlen beiseitestellen.

2 Aus den restlichen Zutaten einen Teig rühren und die geschmolzene Butter nach und nach unterrühren.

3 Sollte der Teig zu fest sein, noch etwas Milch hinzugeben.

4 Das Waffeleisen vorheizen, einfetten und die Waffeln darin backen.

Wer die Gewürze nicht einzeln zu Hause hat oder es einfacher haben möchte, der kann auch Lebkuchengewürz nehmen.

FÜR DEN TEIG

120 g Butter
250 g Mehl
120 g Zucker
3 EL Backkakao
1 TL Backpulver
1 TL Natron
1 Prise Salz
½ TL Zimt
½ TL getrockneter, geriebener Ingwer
1 Prise Muskat
1 Prise Nelken
4 Eier, Größe M
150 ml Milch

Ergibt ca. 4 Stück

Low Carb Kokoswaffeln (glutenfrei)

1 Die Eier trennen. Das Eiweiß zu Schnee schlagen und beiseitestellen.

2 Die Butter schmelzen und abkühlen lassen.

3 Eigelb, Erythrit, Kokosmehl, Backpulver und Vanilleextrakt glatt rühren. Die abgekühlte, geschmolzene Butter und die Milch nach und nach dazugeben.

4 Vorsichtig den Eischnee darunterheben.

5 Das Waffeleisen erhitzen und mit Kokosöl einfetten, die Waffeln vorsichtig im Waffeleisen backen.

FÜR DEN TEIG

4 Eier, Größe M

100 g Butter

2 EL Erythrit (Zuckerersatz)

35 g Kokosmehl

1 TL Weinsteinbackpulver

½ TL Vanilleextrakt

3 EL Milch

Kokosöl

Ergibt ca. 6 Waffeln

Marmorwaffeln

1 Mehl, Zucker, Backpulver, Natron und Salz in einer Schüssel vermengen.

2 In eine zweite Schüssel 250 ml Milch füllen. Die Eier trennen. Eigelb, geschmolzene Butter und Vanilleextrakt zur Milch geben und aufschlagen. Dann mit der Mehl-Mischung vermengen.

3 Die Eiweiße zu Eischnee aufschlagen.

4 Den Eischnee vorsichtig unter die Masse heben und anschließend die Masse auf zwei Schüsseln aufteilen.

5 Zu einem Teig Kakao und braunen Zucker geben und glatt verrühren.

6 Das Waffeleisen aufheizen und einfetten.

7 Abwechselnd hellen und dunklen Teig auf das Waffeleisen setzen, sodass es Marmorwaffeln werden (zum Beispiel mit einer kleinen Saucenkelle). Die Waffeln backen.

FÜR DEN TEIG

280 g Mehl
100 g Zucker
2 TL Backpulver
½ TL Natron
1 Prise Salz
250 ml Milch (+ etwas mehr)
4 Eier, Größe M
85 g geschmolzene Butter
2 TL Vanilleextrakt (oder 1 Packung Vanillezucker)
70 g Backkakao
145 g brauner Zucker

Ergibt ca. 6 Stück

Schokowaffeln
mit Erdnusskaramell

1 Für das Karamell Zucker mit Zitronensaft und etwas Wasser in einem mittelgroßen Topf verrühren und bei mittlerer Hitze unter ständigem Rühren schmelzen.

2 Sobald der Zucker geschmolzen ist, Masse für ca. 10 Minuten weiter köcheln lassen, bis ein goldgelber Karamell entsteht. Dabei nicht mehr rühren, sondern schwenken und aufpassen, es ist SEHR heiß.

3 Den Topf vom Herd nehmen und die Sahne eingießen.

4 Den Topf bei schwacher Hitze wieder auf den Herd stellen. Der Zucker wird wieder fest sein, also einfach rühren und warten, bis er sich wieder auflöst, dabei Vanilleextrakt, Erdnüsse und Salz zugeben.

5 Sobald alles zu einer glatten Sauce geworden ist (abgesehen von den Erdnüssen), das Karamell abkühlen lassen und umfüllen.

6 In der Zwischenzeit den Teig herstellen. Dafür mit einem Handrührgerät oder der Küchenmaschine Butter und Zucker schaumig schlagen. Jedes Ei für ca. eine halbe Minute unter die Butter-Zucker-Mischung schlagen. Alle anderen Zutaten nach und nach zugeben und zu einem glatten Teig verrühren.

7 Das Waffeleisen aufheizen, einfetten und die Waffeln darin backen.

FÜR DAS KARAMELL

220 g Zucker
1 TL Zitronensaft
Wasser
240 g Sahne
1 TL Vanilleextrakt
80 g geröstete Erdnüsse
1 Prise Salz

FÜR DEN TEIG

250 g weiche Butter
120 g Zucker
5 Eier, Größe M
3 TL Vanillezucker
600 ml Milch
500 g Mehl
2 TL Backpulver
5 EL Backkakao
1 Prise Salz

Ergibt ca. 6 Stück

Natürlich kann man die Erdnüsse auch weglassen oder durch andere Nüsse oder Kerne ersetzen.

Schwarzwälder Kirsch-Waffel-Torte

1 Mit einem Handrührgerät oder der Küchenmaschine Butter und Zucker schaumig schlagen. Die Eier nach und nach dazugeben. Anschließend Tonkabohnen- oder Vanillezucker und alle anderen Zutaten hinzufügen und zu einem glatten Teig verarbeiten.

2 Das Waffeleisen aufheizen, einfetten und die Waffeln backen. Auskühlen lassen.

3 Für die Füllung die Kirschen abtropfen lassen, den Saft auffangen. Die schönsten Kirschen beiseitelegen. 50 ml Kirschsaft mit der Speisestärke in einem Topf verrühren. Zusammen mit den Kirschen und dem restlichen Saft erhitzen und eindicken lassen.

4 Die Sahne mit Sahnesteif steif schlagen.

5 Eine Waffel auf eine Kuchenplatte legen, etwas Kirschwasser darauf träufeln und mit 1 EL des Kirschkompotts bestreichen, ca. 5 Minuten warten, damit das Kompott abkühlt, dann mit Sahne bestreichen und die nächste Waffel daraufsetzen. Diese wieder mit Kirschwasser beträufeln, mit Kompott, dann mit Sahne bestreichen. So weiter verfahren, bis alle Waffeln verbraucht sind. Mit Sahne abschließen, aber ein bisschen Sahne noch für die Tupfen zurückbehalten.

6 Die restliche Sahne in einen Spritzbeutel geben und kleine Tupfen auf die Torte setzen. Diese mit den Kirschen belegen.

FÜR DEN TEIG

120 g Zucker
250 g Butter
5 Eier, Größe M
3 TL Tonkabohnenzucker, alternativ Vanillezucker
600 g Milch
500 g Mehl
2 TL Backpulver
5 EL Backkakao
evtl. Rum oder Rum- bzw. Bittermandelaroma

FÜR DIE FÜLLUNG

1 Glas Sauerkirschen, 480 g Abtropfgewicht
1 TL Speisestärke
400 g Sahne
evtl. Sahnesteif
evtl. Kirschwasser

Ergibt 1 Torte

Spekulatiuswaffeln

1 Mit einem Handrührgerät oder der Küchenmaschine Butter und Zucker schaumig schlagen.

2 Die Eier trennen, Eigelb unter die Butter-Zucker-Mischung rühren. Das Eiweiß steif schlagen.

3 Mehl, Spekulatiusgewürz, Backpulver, Buttermilch und Salz zur Eier-Butter-Zucker-Mischung zugeben und alles glatt rühren.

4 Anschließend vorsichtig den Eischnee unterheben.

5 Das Waffeleisen vorheizen, einfetten und die Waffeln darin backen.

FÜR DEN TEIG

125 g Butter
100 g Zucker
3 Eier, Größe M
250 g Mehl
1 TL Spekulatiusgewürz
1 TL Backpulver
120 ml Buttermilch
1 Prise Salz

Ergibt ca. 4 Stück

Tonka-Eierlikörwaffeln

1 Die Eier trennen und das Eiweiß zu festem Eischnee aufschlagen, beiseitestellen.

2 Eigelb und alle anderen Zutaten – bis auf Schokostreusel und Tonkabohne – zu einem Teig verrühren.

3 Etwas Tonkabohne hineinreiben, die Schokostreusel dazugeben und dann den Eischnee vorsichtig unterheben.

4 Das Waffeleisen aufheizen, einfetten und die Waffeln backen.

Diese aromatische Waffel hat eine besonders luftige Struktur, einfach lecker.

FÜR DEN TEIG

3 Eier, Größe M
125 g weiche Butter
70 g Zucker
100 ml Eierlikör
150 ml Milch
150 g Mehl
1 TL Backpulver
1 Prise Salz
25 g Schokostreusel
1/3 Tonkabohne

Ergibt ca. 12 Stück

Orangenwaffeln

1 Für die schnelle Marmelade die Orangen schälen und filetieren.

2 Die Speisestärke mit dem Orangensaft glatt verrühren, es sollten keine Klümpchen entstehen.

3 Den Zucker in einer beschichteten Pfanne schmelzen, die Orangenfilets dazugeben und etwas karamellisieren lassen (mit dem gelösten Zucker verrühren).

4 Mit Orangenlikör ablöschen, dann den Orangensaft dazugeben. Alles verrühren, leicht aufkochen lassen, vom Herd nehmen und ziehen lassen. Wenn die Marmelade zu fest wird, noch etwas Orangensaft dazugeben, ist sie zu flüssig, noch etwas Speisestärke mit Orangensaft vermischen und nach und nach dazugeben, während die Marmelade leicht köchelt.

5 Für den Teig alle Zutaten zu einem glatten Teig verrühren.

6 Das Waffeleisen aufheizen, einfetten und die Waffeln darin backen.

7 Die Waffeln mit der schnellen Orangenmarmelade servieren.

Dazu passt geschlagene Sahne oder Schokoladensauce.

FÜR DIE ORANGEN-MARMELADE

2 Bio-Orangen
½ TL Speisestärke
100 ml Orangensaft
3 EL Zucker
4 EL Orangenlikör (z. B. Grand Manier)

FÜR DEN TEIG

150 g Mehl
2 Eier, Größe M
50 g Zucker
120 ml Milch
½ TL Backpulver
1 Prise Salz

Ergibt ca. 4 Stück

Vanillecreme-Waffeln
mit Erdbeeren

1 Für den Waffelteig Butter und Zucker mit einem Handrührgerät oder der Küchenmaschine schaumig schlagen.

2 Jedes Ei für ca. eine halbe Minute einzeln unter die Butter-Zucker-Mischung schlagen.

3 Alle anderen Zutaten nach und nach dazugeben.

4 Das Waffeleisen aufheizen und die Waffeln darin backen.

5 Für das Topping die Erdbeeren waschen, vierteln, mit 2 EL Zucker verrühren und ziehen lassen.

6 Die Vanilleschoten längs aufschneiden und mit dem Messerrücken das Vanillemark herauskratzen.

7 Alle Zutaten – bis auf die Erdbeeren – zu einer schönen Creme verrühren. Je nach Geschmack noch etwas süßen.

8 Die Waffeln mit der Creme und den Erdbeeren servieren.

FÜR DEN TEIG

250 g weiche Butter
100 g Zucker
5 Eier, Größe M
1 Packung Vanillezucker
375 ml Milch
500 g Mehl
2 TL Backpulver
125 g Sahne
1 Prise Salz

FÜR DAS TOPPING

600 g Erdbeeren
2 EL + etwas mehr Zucker
3 Vanilleschoten
600 g Magerquark
150 g Sahne
150 g Crême fraîche

Ergibt ca. 6 Waffeln

Waffelplätzchen

1 Für den Waffelteig Butter und Zucker mit einem Handrührgerät oder der Küchenmaschine schaumig schlagen.

2 Die Eier einzeln zugeben, jedes Ei ca. 20 Sekunden einrühren.

3 Die restlichen Zutaten – bis auf die Schokodrops – hinzugeben. Der Teig ist ein bisschen fester, das muss so sein.

4 Nun vorsichtig die Schokodrops unterheben.

5 Das Waffeleisen aufheizen, einfetten und mit einem kleinen Löffel kleine Kleckse in Plätzchengröße auf dem Waffeleisen verteilen. Die Kleckse müssen so weit auseinander sein, dass sie beim Backen nicht aneinandergeraten. Die Waffelplätzchen backen.

6 Für den Guss Puderzucker, Milch und Vanillearoma verrühren. Die warmen Plätzchen darin eintauchen und kurz trocknen lassen.

FÜR DEN TEIG

125 g weiche Butter
75 g Zucker
2 Eier, Größe M
120 g Mehl
1 Prise Salz
75 g brauner Zucker
1 EL Sahne
75 g Schokodrops

FÜR DEN GUSS

125 g Puderzucker
ca. 2 EL Milch
1 Tropfen Vanillearoma

Ergibt ca. 25 Plätzchen

Zitronenwaffeln

1 Mit einem Handrührgerät oder der Küchenmaschine Butter und Zucker schaumig schlagen.

2 Jedes Ei einzeln für ca. eine halbe Minute unter die Butter-Zucker-Mischung schlagen.

3 Alle anderen Zutaten nach und nach dazugeben.

4 Das Waffeleisen aufheizen, einfetten und die Waffeln darin backen.

Wer mag, kann aus 1 TL Zitronensaft, 125 g Puderzucker und etwas Wasser einen Zuckerguss herstellen und die Waffeln damit bestreichen.

FUR DEN TEIG

150 g weiche Butter
120 g Zucker
3 Eier, Größe M
1 Packung Vanillezucker
120 ml Milch
360 g Mehl
2 TL Backpulver
1 Prise Salz
2 EL Zitronensaft
Schalenabrieb, ½ Bio-Zitrone
2 TL Vanilleextrakt
210 g saure Sahne

Ergibt 4 Stück

Sirupwaffeln mit Zwiebel & Bacon

1 Für das Topping die Zwiebeln schälen, halbieren und in Scheiben schneiden. Dann etwas durchmischen, damit sich die Elemente voneinander lösen.

2 Nach und nach den Bacon in einer Pfanne anbraten. Auf einen Teller mit Küchenpapier legen.

3 In der gleichen Pfanne nun die Zwiebeln bei mittlerer Hitze glasig dünsten und gut rühren, damit nichts schwarz wird. Sollte nicht genügend Fett vom Bacon in der Pfanne geblieben sein, eine Butterflocke oder etwas Öl dazugeben.

4 Mit dem Gemüsefond ablöschen. Den Pfeffer zugeben und dann 2 bis 3 Minuten bei schwacher Hitze köcheln lassen, beiseitestellen.

5 Für den Teig mit einem Handrührgerät oder der Küchenmaschine die Butter schaumig schlagen, den Ahornsirup dazugeben und dann nochmal aufmixen.

6 Alle anderen Zutaten dazugeben und zu einem glatten Teig aufschlagen.

7 Das Waffeleisen aufheizen, einfetten und die Waffeln darin backen. Die Waffeln mit den Zwiebeln belegen und den Bacon darauf verteilen.

Diese kompakte Waffel ist eine leckere Hauptspeise.

FÜR DAS TOPPING

4 mittelgroße Zwiebeln
200 g Speck in Scheiben (Bacon)
5 EL Gemüsefond
½ TL Pfeffer
evtl. etwas Butter oder Öl

FÜR DEN TEIG

100 g weiche Butter
80 ml Ahornsirup
3 Eier, Größe M
200 ml Milch
250 g Mehl
1 TL Backpulver
1 Prise Salz

Ergibt ca. 3 Waffeln

Briochewaffeln mit Pulled Pork

1 Für das Pulled Pork das Fleisch mit Rauchsalz und Magic Dust würzen und gut andrücken.

2 Das Fleisch nun entweder einvakuumieren und für knapp 3 Stunden im Sous-Vide-Garer garen oder im Bratschlauch im Backofen für 3 bis 4 Stunden bei 100 °C backen.

3 Das Fleisch herausnehmen, mit einer Gabel zerpflücken und mit Pfeffer und Barbecuesauce würzen.

4 Für den Waffelteig die Butter in einem Topf bei niedriger Hitze schmelzen lassen und dann vom Herd nehmen.

5 Zucker und Milch in eine Schüssel geben, die Hefe hineinbröseln und 10 Minuten stehen lassen.

6 Alle anderen Zutaten hinzufügen und zu einem Hefeteig verkneten, entweder mit einer Küchenmaschine mit Knethaken oder einem Handmixer mit Knethaken.

7 Die Schüssel abdecken und den Teig ungefähr 30 Minuten gehen lassen.

8 Das Belgische Waffeleisen aufheizen, einfetten und den Teig portionsweise backen.

9 Die Waffeln mit Krautsalat, Pulled Pork und Barbecuesauce (Sorte nach Geschmack) anrichten.

FÜR DAS PULLED PORK

400 g Schweinenacken
1 EL Rauchsalz
2 EL Gewürzmischung wie Magic Dust (verschiedene Anbieter) oder Zauberstaub von Spicebar
Pfeffer
2 EL Barbecuesauce
Krautsalat

FÜR DEN TEIG

100 g weiche Butter
2 EL Zucker
75 ml Milch
15 g frische Hefe
190 g Mehl
2 Eier, Größe M
1 Prise Salz

Ergibt 2 Waffeln aus dem Waffeleisen für Belgische Waffeln

Cheddar-Jalapeño-Waffeln

1 Die Jalapeños klein hacken.

2 Mit einem Handrührgerät oder der Küchenmaschine die Butter mit den Eiern aufschlagen.

3 Alle Zutaten – bis auf den Bacon – hinzufügen und zu einem cremigen Teig verrühren.

4 Den Bacon in einer Pfanne knusprig braten, danach auf Küchenpapier legen.

5 Das Waffeleisen aufheizen, einfetten und die Waffeln darin backen. Mit dem Bacon servieren.

Wer mag, kann das Ganze auch noch mit Käse überbacken.

FÜR DEN TEIG

30 g eingelegte Jalapeños
60 g Butter
2 Eier, Größe M
300 g Mehl
350 ml Milch
100 g geriebener Cheddar
1 TL Backpulver
1 gestrichener TL Salz
1 TL Thymian

FÜR DAS TOPPING

150 g Speck in Scheiben (Bacon)

Ergibt 4 Stück

Gorgonzolawaffeln
mit karamellisierter Birne

1 Für die Birne die Pinienkerne ohne Fett in einer Pfanne rösten und beiseitestellen.

2 Die Birne abwaschen, längs vierteln und das Kerngehäuse entfernen. Die Viertel in jeweils drei bis vier Spalten schneiden.

3 Den Zucker in einer Pfanne erhitzen, bis er sich auflöst. Sobald er leicht braun wird, die Birnenspalten hinzugeben und schön verteilt braten. Nach ca. 1 Minute mit dem Weißwein ablöschen und salzen. Den Herd ausschalten und die Birnen unter gelegentlichem Schwenken in der Pfanne ziehen lassen.

4 Für die Waffeln den Gorgonzola in kleine Stücke schneiden.

5 Mit einem Handrührgerät oder der Küchenmaschine die Butter mit den Eiern aufschlagen.

6 Alle anderen Zutaten hinzufügen und zu einem cremigen Teig verrühren.

7 Das Waffeleisen aufheizen, einfetten und die Waffeln darin backen. Mit Birne und Pinienkernen servieren.

Wer mag, kann noch etwas Gorgonzola auf die Waffeln geben. Auch gebratener Bacon passt wunderbar dazu.

FÜR DIE BIRNE

4 EL Pinienkerne
1 Birne
2 EL Zucker
80 ml Weißwein
1 Prise Salz

FÜR DEN TEIG

150 g Gorgonzola
60 g Butter
2 Eier, Größe M
300 g Mehl
350 ml Milch
1 TL Backpulver
1 gestrichener TL Salz
1 TL Pfeffer

Ergibt ca. 4 Stück

Grilled-Cheese-Sandwich
aus dem Waffeleisen

1 Das Waffeleisen gut vorheizen.

2 Während der Aufheizzeit eine Toastscheibe mit Käse belegen und eine zweite Toastscheibe gut andrücken.

3 Das Eisen sehr gut mit Butterschmalz einfetten (normale Butter würde bei den Temperaturen verbrennen).

4 Das Sandwich hineinlegen, das Waffeleisen gut zusammendrücken und ca. 3 Minuten backen (oder bis das Signal ertönt).

FÜR DIE WAFFELN

12 Scheiben Sandwichtoast
3 bis 4 verschiedene Käsesorten in Scheiben, z. B. Parmesan, Edamer, Emmentaler, Gouda, Camembert, Cheddar usw.
Butterschmalz zum Einfetten

Ergibt ca. 6 Stück

Kartoffelwaffeln
mit Kräutern

1 Kartoffelbrei, Milch, Eier und Butter verrühren.

2 Nach und nach Mehl, Backpulver und Backnatron sowie den Parmesan daruntergeben. Ebenso die Kräuter.

3 Das Waffeleisen aufheizen, einfetten und die Waffeln backen.

Etwas ausgelassener Bacon, Avocado, guter Käse und ein Spiegelei sind hervorragend als Belag für diese etwas anderen Waffeln.

FÜR DEN TEIG

ca. 500 g Kartoffelpüree, gerne vom Vortag
240 ml Milch
2 Eier, Größe M
60 g Butter
150 g Mehl
½ TL Backpulver
1 TL Backnatron
70 g geriebener Parmesan
Kräuter nach Geschmack

Ergibt ca. 5 Stück

Macaroni-and-Cheese-Waffeln

1 Die Milch mit etwas Salz zum Kochen bringen, die Nudeln hineingeben und köcheln lassen, dabei immer wieder rühren, damit die Milch nicht anbrennt. Es braucht nicht abgegossen zu werden, die Milch wird zu einem Großteil von den Nudeln aufgenommen.

2 Cheddar, Emmentaler, Parmesan und Frischkäse unterrühren. Sollte die Masse zu fest und trocken werden, etwas Milch hinzugeben.

3 Die Masse ganz kalt werden lassen, am besten über Nacht stehen lassen.

4 Ein Waffeleisen vorheizen und sehr gut einfetten. Die Nudelmasse in möglichst großer Menge auf das Waffeleisen geben, sodass das Waffeleisen nur schwer zu schließen geht. Die Masse ca. 3 Minuten backen (oder bis das Signal ertönt). Vorsichtig rausnehmen.

Wer es etwas schärfer mag, kann noch Jalapeños unter die Masse rühren.

FÜR DEN TEIG

800 ml + etwas mehr Milch
1 Prise Salz
300 g kleine Makkaroni-Nudeln, ungekocht
200 g geriebener Cheddar-Käse
150 g geriebener Emmentaler
50 g geriebener Parmesan
100 g Frischkäse

Ergibt ca. 6 Stück

Pizzawaffeln

1 Den Gouda reiben, Salami und Tomaten in kleine Stücke schneiden.

2 Mit einem Handrührgerät oder der Küchenmaschine die Butter schaumig schlagen.

3 Alle Zutaten zu der Butter geben und zu einem Waffelteig verrühren.

4 Das Waffeleisen aufheizen, einfetten und die Waffeln darin backen.

Hier kann nach Herzenslust experimentiert werden. Wer mag, ersetzt z. B. die Salami durch Schinken.

FÜR DEN TEIG

100 g Gouda
80 g Salami
80 g getrocknete, in Öl eingelegte Tomaten
50 g weiche Butter
300 g Mehl
2 Eier, Größe M
350 ml Milch
1 TL Backpulver
1 TL Oregano
1 Prise Salz

Ergibt ca. 4 Stück

Pumpernickelwaffeln
mit Leberkäse und Spiegelei

1 Pumpernickel klein bröseln und kurz in einer Küchenmaschine aufmixen.

2 Butter und Zucker aufschlagen, dann Eier, Milch, Mehl, Backpulver und Salz dazugeben und alles zu einem glatten Teig verrühren.

3 Die Pumpernickelbrösel unterheben.

4 Das Waffeleisen aufheizen, einfetten und die Waffeln darin backen.

5 Leberkäse und Spiegeleier braten und mit den Waffeln servieren.

FÜR DEN TEIG

160 g Pumpernickel
100 g weiche Butter
30 g Zucker
3 Eier, Größe M
240 ml Milch
170 g Mehl
1 TL Backpulver
1 Prise Salz

FÜR DAS TOPPING

4 Scheiben Leberkase
4 Eier, Größe M

Ergibt ca. 4 Waffeln

Süßkartoffelwaffeln (glutenfrei)

1 Die Eier schaumig schlagen.

2 Die Süßkartoffel mit einer Gabel zerdrücken.

3 Joghurt und Schmand, sowie Mandelmehl, Backpulver, Milch, Gewürze und Flohsamenschalen zu den Eiern geben und langsam unterheben.

4 Die Süßkartoffel dazugeben und alles zusammen 2 Stunden stehen lassen.

5 Das Waffeleisen auf mittlere Stufe erhitzen und sehr gut einfetten. Die Waffeln darin backen.

Sollte die fertige Waffel im Waffeleisen reißen, gebt dem Teig noch etwas mehr Ruhezeit.

FÜR DEN TEIG

3 Eier, Größe M
1 mittlere Süßkartoffel, geschält und gekocht
100 g Joghurt
50 g Schmand
75 g Mandelmehl
1 TL Weinsteinbackpulver
100 ml Milch
½ TL Zimt
1 Prise Muskat
2 TL gemahlene Flohsamenschalen

Ergibt 4 bis 6 Stück

Waffles & Chicken

1 Für die Nuggets das Fleisch in die gewünschte Größe schneiden.

2 Joghurt mit Salz, Knoblauch, edelsüßem und geräuchertem Paprikapulver verrühren und das Fleisch darin mindestens 2 bis 3 Stunden marinieren, besser wäre über Nacht.

3 Für die Waffeln mit einem Handrührgerät oder einer Küchenmaschine alle Zutaten zu einem glatten Teig verrühren.

4 Das Waffeleisen aufheizen, einfetten und die Waffeln darin backen.

5 Einen großen Topf mit Frittierfett oder -öl auf den Herd stellen. Sobald das Fett heiß genug ist (mit einem Holzspieß testen: Wenn Bläschen aufsteigen, ist es heiß genug), das Fleisch Stück für Stück aus der Marinade nehmen, im Panko wenden und direkt im Topf ausbacken.

6 Die Waffeln mit den Nuggets, Ahornsirup (so wird's in den USA gegessen) oder verschiedenen Barbecuesaucen servieren.

FÜR DIE CHICKEN NUGGETS

450 g Hähnchenkeulen ohne Haut und Knochen oder Hähnchenbrust
400 g Joghurt
2 TL Salz
2 TL granulierter Knoblauch
1 gehäufter TL Paprika, edelsüß
½ TL Paprika, geräuchert
100 g Panko (japanisches Paniermehl)
Fett oder Öl zum Frittieren

FÜR DEN TEIG

20 g Butter, weich
2 Eier, Größe M
4 TL Zucker
330 ml Milch
½ TL Gemüsebrühpulver (oder 1 TL Gernekochen Universalgewürz)
1 TL Backpulver
1 Prise Salz

Ergibt ca. 6 Stück

Zucchiniwaffeln

1 Die Zucchini in feine Streifen reiben. Wer mag, kann auch gröbere Streifen nehmen, dann verlängert sich die Backzeit etwas.

2 Cheddar, Eier, Salz, Mehl und Haferflocken über die Zucchini geben und verrühren.

3 Das Waffeleisen vorheizen und gut einfetten. Den Teig hineingeben und die Waffeln gut durchbacken.

FÜR DEN TEIG

2 Zucchini, mittlere Größe
100 g geriebener Cheddar
4 Eier, Größe M
1 TL Salz
2 EL Mehl
5 EL Haferflocken

Ergibt ca. 3 Stück

Rezeptregister nach Kapiteln

Süße Waffeln

Pikante Waffeln

Alphabetisches Rezeptregister

Alphabetisches Register der Saucen, Toppings & Co.

Danksagung

So ein Buch steckt voller Herzblut, Arbeit und Zeit. Zeit, die einem dann oft an anderer Stelle fehlt, und damit wollen wir auch mit unserer Danksagung starten.

Wir danken unseren Familien für das Verständnis in den letzten Wochen und Monaten, dass wir nicht die Zeit für sie gehabt haben, die wir gerne gehabt hätten. Gerne hätten wir die eine oder andere Stunde mehr mit euch verbracht, aber aufgeschoben … Ihr kennt es! Aber auch Freunde wie Flo & Niki, Tosten & Sascha, Kevin & Dilek, Malte & Katja, Malte der Weltenbummler, Maja, Cat & Jörg, Sascha & Anja, Cedo & Christina und so viele mehr … Gerne hätten wir auch mit euch mehr Zeit verbracht. Leider mussten wir Treffen absagen oder verschieben. Aber das holen wir alles nach ;-) Danke für euer Verständnis.

Dann gilt unser nächster Dank Anja vom Bassermann Verlag! Bereits bei unserem ersten Buch hast du uns das Vertrauen geschenkt und uns gewähren lassen. Du hast uns den Raum für Freiheiten gelassen, den wir uns gewünscht haben. Genauso war es auch bei diesem Buch … Vielen Dank für das in uns gesteckte Vertrauen und es macht uns schon ein wenig stolz, dass nach unserem ersten Buch du auch dieses Buch mit uns machen wolltest. Vielen lieben Dank für die großartige Zusammenarbeit. Auch wenn es für dich in den letzten Wochen bestimmt nicht so einfach war, da wir vor lauter Arbeit an dem Buch euch nicht so oft mit den neuesten Infos versorgt haben, wie wir es gerne getan hätten.

Dann gilt unser Dank natürlich auch unseren Lesern … Also dir, genau dir. Danke, dass du dich für unser Buch entschieden hast. Aber auch unseren Lesern auf dem Blog, bei Instagram, Facebook oder Pinterest. Seit 2014 schon verfolgt ihr unser Schaffen und von Monat zu Monat, Woche zu Woche werdet ihr mehr! Das macht uns wirklich stolz und glücklich! Wir sind froh, dass es euch gibt!

Theres + Benni

Impressum

ISBN: 978-3-8094-4958-4

2. Auflage 2025

© 2024 by Bassermann Verlag, einem Unternehmen der Penguin Random House Verlagsgruppe GmbH, Neumarkter Str. 28, 81673 München
produktsicherheit@penguinrandomhouse.de
(Vorstehende Angaben sind zugleich Pflichtinformationen nach GPSR.)

Originalausgabe © 2018 by Bassermann Verlag, einem Unternehmen der Penguin Random House Verlagsgruppe GmbH, Neumarkter Str. 28, 81673 München

Der Verlag behält sich die Verwertung der urheberrechtlich geschützten Inhalte dieses Werkes für Zwecke des Text- und Data-Minings nach § 44b UrhG ausdrücklich vor. Jegliche unbefugte Nutzung ist hiermit ausgeschlossen..

Texte, Rezepte und Fotos: Theres und Benjamin Pluppins, www.gernekochen.de
Umschlaggestaltung: Atelier Versen, Bad Aibling
Herstellung: Franziska Polenz
Projektleitung: Lea Schmid

Die Ratschläge in diesem Buch sind vom Autoren und vom Verlag sorgfältig erwogen und geprüft, dennoch kann eine Garantie nicht übernommen werden. Eine Haftung der Autoren bzw. des Verlags und seiner Beauftragten für Personen-, Sach- und Vermögensschäden ist ausgeschlossen.

Satz und Layout: Nadine Thiel, München
Reproduktion: Mohn Media Mohndruck GmbH, Gütersloh
Druck + Bindung: Alföldi Nyomda Zrt., Debrecen

Printed in Hungary

FSC www.fsc.org MIX Papier | Fördert gute Waldnutzung FSC® C010328

674139930221